Fantastiska Berättelser på Engelska och Svenska

Artici Kids

Published by Artici Kids, 2024.

FANTASTISKA BERÄTTELSER PÅ ENGELSKA OCH SVENSKA

First edition. June 24, 2024.

Copyright © 2024 Artici Kids.

ISBN: 979-8227551498

Written by Artici Kids.

Table of Contents

Olivia the Ostrich's Big Adventure

Once upon a time, in the heart of the African savanna, lived an extraordinary ostrich named Olivia. Olivia wasn't just any ostrich; she was outlandishly curious and loved to explore. With her bright feathers, long legs, and a neck that seemed to stretch for miles, she could see far and wide. But Olivia wanted more than just to see—she wanted to experience everything the world had to offer.

Olivia lived with her flock, a group of rather ordinary ostriches who preferred to stay close to home. They pecked at the ground, gobbling up insects and seeds, perfectly content with their daily routine. But Olivia had a sparkle in her eye and a dream in her heart. She wanted to find out what lay beyond the rolling hills and vast plains.

One sunny morning, while Olivia was wandering further from her flock than ever before, she stumbled upon something remarkable—a tattered, old map half-buried in the sand. The map showed a trail leading to a place called the Enchanted Oasis, where legends spoke of endless water, towering palm trees, and the most delicious berries ever tasted by beak or beakless creature.

Olivia's heart fluttered with excitement. She couldn't resist the allure of such an adventure. With the map clutched in her beak, she ran back to her flock to share the news.

"An Enchanted Oasis!" Olivia exclaimed. "We must go and find it!"

But the other ostriches shook their heads. They were perfectly happy where they were, and the idea of an enchanted oasis seemed far-fetched to them. Disappointed but undeterred, Olivia decided she would go on this adventure alone.

Olivia set off at dawn, the map guiding her steps. She ran across the savanna, her legs carrying her swiftly over the grasslands. She passed zebras grazing peacefully and giraffes nibbling the tops of trees. All the animals watched in amazement as the determined ostrich dashed by.

She encountered challenges along the way—treacherous rocks, a wide river, and even a mischievous band of meerkats who tried to steal her map. But Olivia was brave and clever. She outwitted the meerkats by distracting them with a shiny pebble and crossed the river by hopping from stone to stone.

As the days passed, Olivia grew tired but never lost hope. The map led her to a dense forest, unlike anything she had ever seen. The trees were tall and covered in vines, and the air was filled with the songs of exotic birds. Olivia marveled at the beauty around her and pressed on, knowing she was getting closer to her goal.

After many days and nights of traveling, Olivia finally reached the Enchanted Oasis. It was even more magnificent than she had imagined. Crystal-clear water sparkled in the sunlight, and the air was sweet with the scent of tropical flowers. Birds of every color flew overhead, and the ground was covered in the juiciest berries Olivia had ever seen.

Olivia dipped her beak into the cool water, feeling refreshed and triumphant. She had done it! She had followed her dream and found the magical place from the map. As she enjoyed the oasis, she realized that the journey had taught her so much about bravery, determination, and the wonders of the world.

After spending a few blissful days at the Enchanted Oasis, Olivia decided it was time to return to her flock. She wanted to share the joy of her discovery with them. The journey back was easier, as she now knew the way and felt stronger than ever.

When Olivia returned, the other ostriches were astonished by her tale. She told them about the challenges she had faced, the beautiful sights she had seen, and the incredible oasis she had found. At first, they were skeptical, but Olivia's confidence and excitement were contagious.

Finally, the flock agreed to follow Olivia to the Enchanted Oasis. They traveled together, and when they arrived, they were amazed. They thanked Olivia for leading them to such a wonderful place and realized that her curiosity and courage had brought them all a great gift.

From that day on, Olivia was a hero among her flock. She continued to explore and have adventures, always inspiring others with her tales. And whenever a young ostrich asked about the world beyond their home, Olivia would smile and say, "All you need is a dream, a map, and the courage to follow your heart."

Olivia Struts Stora Äventyr

En gång i tiden, mitt i den afrikanska savannen, levde en extraordinär struts vid namn Olivia. Olivia var inte vilken struts som helst; hon var ovanligt nyfiken och älskade att utforska. Med sina ljusa fjädrar, långa ben och en hals som verkade sträcka sig milsvid kunde hon se långt och brett. Men Olivia ville inte bara se – hon ville uppleva allt som världen hade att erbjuda.

Olivia bodde med sin flock, en grupp ganska vanliga strutsar som föredrog att hålla sig nära hemmet. De pickade på marken, svalde insekter och frön och var helt nöjda med sin dagliga rutin. Men Olivia hade en glimt i ögat och en dröm i sitt hjärta. Hon ville utforska vad som fanns bortom de rullande kullarna och de vidsträckta slätterna.

En solig morgon, medan Olivia vandrade längre från sin flock än någonsin tidigare, snubblade hon över något anmärkningsvärt – en trasig, gammal karta halvt begravd i sanden. Kartan visade en stig som ledde till en plats som kallades Den Förtrollade Oasen, där legender talade om oändligt vatten, höga palmer och de mest läckra bären som någonsin smakats av näbb eller näbblös varelse.

Olivia's hjärta fladdrade av spänning. Hon kunde inte motstå lockelsen av ett sådant äventyr. Med kartan fastklämd i näbben sprang hon tillbaka till sin flock för att dela nyheten.

"En Förtrollad Oas!" utropade Olivia. "Vi måste gå och hitta den!"

Men de andra strutsarna skakade på huvudet. De var helt nöjda där de var, och idén om en förtrollad oas verkade otrolig för dem. Besviken men obeveklig bestämde sig Olivia för att ge sig ut på detta äventyr ensam.

Olivia gav sig av i gryningen, kartan styrde hennes steg. Hon sprang över savannen, hennes ben bar henne snabbt över grässlätterna. Hon passerade zebror som betade fridfullt och giraffer som nafsade på trädtopparna. Alla djur såg förvånat på den bestämda strutsen som rusade förbi.

Hon stötte på utmaningar längs vägen – farliga klippor, en bred flod och till och med en busig flock surikater som försökte stjäla hennes karta. Men Olivia var modig och smart. Hon lurade surikaterna genom att distrahera dem med en glänsande sten och korsade floden genom att hoppa från sten till sten.

Dagarna gick, Olivia blev trött men förlorade aldrig hoppet. Kartan ledde henne till en tät skog, helt olik något hon hade sett tidigare. Träden var höga och täckta av lianer, och luften fylldes av sång från exotiska fåglar. Olivia förundrades över skönheten runt omkring henne och fortsatte framåt, med vetskapen att hon kom närmare sitt mål.

Efter många dagar och nätter av resande nådde Olivia äntligen Den Förtrollade Oasen. Den var ännu mer magnifik än hon hade föreställt sig. Kristallklart vatten glittrade i solljuset, och luften var söt av doften från tropiska blommor. Fåglar i alla färger flög över henne, och marken var täckt av de saftigaste bären Olivia någonsin hade sett.

Olivia doppade näbben i det svala vattnet och kände sig uppfriskad och triumferande. Hon hade gjort det! Hon hade följt sin dröm och hittat den magiska platsen från kartan. Medan hon njöt av oasen insåg hon att resan hade lärt henne mycket om mod, beslutsamhet och världens under.

Efter att ha tillbringat några lyckliga dagar i Den Förtrollade Oasen bestämde sig Olivia för att det var dags att återvända till sin flock. Hon ville dela glädjen över sin upptäckt med dem. Resan tillbaka var lättare, eftersom hon nu kände vägen och kände sig starkare än någonsin.

När Olivia återvände var de andra strutsarna förbluffade över hennes berättelse. Hon berättade om de utmaningar hon hade mött, de vackra sevärdheterna hon hade sett och den otroliga oasen hon hade funnit. Först var de skeptiska, men Olivias självförtroende och entusiasm var smittsam.

Till slut gick flocken med på att följa Olivia till Den Förtrollade Oasen. De reste tillsammans, och när de kom fram var de förbluffade. De tackade Olivia för att ha lett dem till en så underbar plats och insåg att hennes nyfikenhet och mod hade gett dem alla en stor gåva.

Från och med den dagen var Olivia en hjälte bland sin flock. Hon fortsatte att utforska och ha äventyr, och inspirerade alltid andra med sina berättelser. Och när en ung struts frågade om världen utanför deras hem, skulle Olivia le och säga, "Allt du behöver är en dröm, en karta och modet att följa ditt hjärta."

Billy and the Great Birthday Cake Bake-Off

In the bustling town of Merryville, there lived a boy named Billy with an imagination as vast as the sea and a heart as big as the sky. Billy's seventh birthday was just around the corner, and he had a brilliant idea: he wanted to bake his own birthday cake. Not just any cake, but the most magnificent, mouth-watering, magical cake anyone had ever seen.

Billy shared his plan with his best friend, Sophie, who was equally excited about the challenge. Together, they decided to enter the Great Merryville Bake-Off, a competition where the best bakers in town showcased their most delicious creations. The bake-off was scheduled for the day before Billy's birthday, and the winning cake would be the centerpiece at Billy's birthday party.

Billy and Sophie set off on a quest to find the perfect recipe. They visited Mrs. Bumble, the town's most renowned baker, who lived in a charming little cottage that always smelled like freshly baked bread. Mrs. Bumble was delighted to help and handed them a worn, ancient cookbook filled with magical recipes.

"This book," Mrs. Bumble explained, "contains recipes passed down through generations. Choose wisely, and you'll bake a cake that no one will ever forget."

Billy and Sophie flipped through the book's yellowed pages, mesmerized by the enchanting illustrations. Finally, they found the perfect recipe: "The Enchanted Chocolate Rainbow Cake." It had layers of every color imaginable and a rich, chocolatey taste that promised to be simply divine.

With the recipe in hand, Billy and Sophie gathered all the ingredients: flour, sugar, eggs, cocoa powder, and a magical ingredient called "Sparkle Dust" that Mrs. Bumble had given them. They turned Billy's kitchen into a bustling bakery, mixing and measuring with precision and care.

Billy's little sister, Lucy, watched with wide eyes, eager to help. Billy gave her the important job of sprinkling the Sparkle Dust, which shimmered like a thousand tiny stars.

The oven was preheated, and soon the kitchen was filled with the heavenly aroma of baking cake. Billy and Sophie danced around, excitedly checking the oven every few minutes. When the cakes were finally done, they carefully removed them and let them cool.

Just as they began to stack the colorful layers, disaster struck. Billy's mischievous dog, Max, burst into the kitchen, wagging his tail wildly. He knocked over a bowl of frosting, sending it splattering across the room. In the chaos, one of the cake layers tumbled to the floor, breaking into pieces.

Billy felt tears prickling at his eyes. "What are we going to do now?" he asked, looking at the mess around them.

Sophie put a reassuring hand on his shoulder. "Don't worry, Billy. We can fix this. We'll just have to be creative."

They quickly cleaned up the mess and assessed the situation. With one layer ruined, they decided to make a smaller but equally spectacular cake. They used the broken pieces to create a surprise filling, layering them with extra frosting.

The next morning, Billy and Sophie added the finishing touches to their cake. They carefully frosted the outside, making it as smooth as possible. Lucy sprinkled more Sparkle Dust on top, and the cake shimmered like a treasure.

With the cake complete, they carried it carefully to the Great Merryville Bake-Off. The town square was filled with stalls showcasing beautiful cakes, pies, and pastries. The judges, including Mrs. Bumble, inspected each entry with keen eyes and discerning palates.

When it was finally their turn, Billy and Sophie presented their Enchanted Chocolate Rainbow Cake. The judges marveled at its beauty and couldn't wait to taste it. As they took their first bites, their eyes widened in delight.

After much deliberation, the judges announced the winner. "The Great Merryville Bake-Off champion is... Billy and Sophie with their Enchanted Chocolate Rainbow Cake!"

Billy and Sophie jumped for joy as the crowd erupted in applause. They received a shiny gold trophy and a ribbon that read "Best Cake in Merryville." But the best prize of all was seeing the smiles on everyone's faces as they enjoyed the cake at Billy's birthday party.

Billy's birthday was a huge success, filled with laughter, games, and, of course, the delicious cake. Billy realized that even though things didn't go perfectly, they had created something wonderful by working together and using their imaginations.

From that day on, Billy and Sophie became known as the best young bakers in Merryville. They continued to bake amazing treats, always adding a touch of magic and a sprinkle of Sparkle Dust.

Billy och den Stora Födelsedagstårta-Bakartävlingen

I den livliga staden Glädjestaden bodde en pojke vid namn Billy med en fantasi så vid som havet och ett hjärta så stort som himlen. Billys sjunde födelsedag var bara runt hörnet, och han hade en lysande idé: han ville baka sin egen födelsedagstårta. Inte vilken tårta som helst, utan den mest magnifika, munvattenframkallande, magiska tårtan någon hade sett.

Billy delade sin plan med sin bästa vän Sophie, som var lika exalterad över utmaningen. Tillsammans beslutade de att delta i den Stora Glädjestadens Bakartävling, en tävling där stadens bästa bagare visade upp sina mest läckra skapelser. Bakartävlingen var planerad till dagen före Billys födelsedag, och vinnartårtan skulle vara mittpunkten på Billys födelsedagsfest.

Billy och Sophie begav sig ut på en jakt efter det perfekta receptet. De besökte fru Hummel, stadens mest kända bagare, som bodde i en charmig liten stuga som alltid luktade nybakat bröd. Fru Hummel var glad att hjälpa till och gav dem en sliten, gammal kokbok fylld med magiska recept.

"Denna bok," förklarade fru Hummel, "innehåller recept som gått i arv genom generationer. Välj klokt, och ni kommer att baka en tårta som ingen någonsin kommer att glömma."

Billy och Sophie bläddrade igenom bokens gulnade sidor, förtrollade av de förtjusande illustrationerna. Till slut hittade de det perfekta receptet: "Den Förtrollade Chokladregnbågstårtan." Den hade lager av alla tänkbara färger och en rik, chokladig smak som lovade att vara helt enkelt gudomlig.

Med receptet i handen samlade Billy och Sophie alla ingredienser: mjöl, socker, ägg, kakao och en magisk ingrediens som kallades "Glitterdamm" som fru Hummel hade gett dem. De förvandlade Billys kök till ett livligt bageri, mixade och mätte med precision och omsorg.

Billys lillasyster Lucy tittade med stora ögon, ivrig att hjälpa till. Billy gav henne det viktiga jobbet att strö över Glitterdammet, som glittrade som tusen små stjärnor.

Ugnen var förvärmd, och snart fylldes köket av den himmelska doften av bakande tårta. Billy och Sophie dansade runt, kollade spänt in i ugnen varje minut. När tårtorna äntligen var klara tog de försiktigt ut dem och lät dem svalna.

Precis när de började stapla de färgglada lagren, slog katastrofen till. Billys busiga hund Max rusade in i köket, viftande på svansen vilt. Han välte en skål med frosting, som sprutade över hela rummet. I kaoset ramlade ett av tårtlagren ner på golvet och bröts i bitar.

Billy kände tårar sticka i ögonen. "Vad ska vi göra nu?" frågade han och tittade på röran omkring dem.

Sophie lade lugnande en hand på hans axel. "Oroa dig inte, Billy. Vi kan fixa det här. Vi måste bara vara kreativa."

De städade snabbt upp röran och bedömde situationen. Med ett lager förstört bestämde de sig för att göra en mindre men lika spektakulär tårta. De använde de trasiga bitarna för att skapa en överraskningsfyllning, lager på lager med extra frosting.

Nästa morgon lade Billy och Sophie de sista toucherna på sin tårta. De frosta utsidan noggrant, gjorde den så jämn som möjligt. Lucy strödde mer Glitterdamm på toppen, och tårtan glittrade som en skatt.

Med tårtan klar bar de den försiktigt till den Stora Glädjestadens Bakartävling. Stadstorget var fyllt med stånd som visade upp vackra tårtor, pajer och bakverk. Domarna, inklusive fru Hummel, inspekterade varje bidrag med skarpa ögon och krävande smaklökar.

När det äntligen var deras tur presenterade Billy och Sophie sin Den Förtrollade Chokladregnbågstårta. Domarna förundrades över dess skönhet och kunde knappt vänta med att smaka. När de tog sina första tuggor vidgades deras ögon av förtjusning.

Efter mycket överläggning meddelade domarna vinnaren. ”Den Stora Glädjestadens Bakartävlingens mästare är... Billy och Sophie med sin Den Förtrollade Chokladregnbågstårta!”

Billy och Sophie hoppade av glädje när folkmassan bröt ut i applåder. De fick en skinande guldtrppa och ett band som läste ”Bästa Tårtan i Glädjestaden.” Men den bästa priset av allt var att se leendena på allas ansikten när de njöt av tårtan på Billys födelsedagsfest.

Billys födelsedag var en stor framgång, fylld av skratt, lekar och självklart den läckra tårtan. Billy insåg att även om allt inte gick perfekt hade de skapat något underbart genom att arbeta tillsammans och använda sin fantasi.

Från den dagen blev Billy och Sophie kända som de bästa unga bagarna i Glädjestaden. De fortsatte att baka fantastiska godsaker, alltid med en touch av magi och en strö av Glitterdamm.

Flora the Flamingo and Eli the Elephant's Fabulous Friendship

In the heart of the African savanna, under the vast, golden sky, lived a graceful flamingo named Flora. Flora loved to dance, twirling and pirouetting on her slender legs, her pink feathers shimmering in the sunlight. Nearby, in a lush green oasis, lived a big, gentle elephant named Eli. Eli loved to paint, using his trunk to create colorful masterpieces on the large canvases made from tree bark.

Despite living close to each other, Flora and Eli had never met. Flora spent her days by the water, practicing her dance moves, while Eli spent his time under the shade of a giant baobab tree, creating his art. But one day, a strong wind blew through the savanna, and Flora's favorite feather, which she used as a prop for her dances, was carried away.

Determined to find her feather, Flora followed the wind's trail to the oasis. There, she saw the most extraordinary sight: a gigantic elephant painting with vibrant colors. Flora was so captivated by Eli's artwork that she momentarily forgot about her lost feather.

Eli noticed the elegant flamingo standing nearby and greeted her with a friendly trumpet. "Hello! I'm Eli. Do you like my painting?"

Flora, still amazed, replied, "Hello, Eli! I'm Flora. Your painting is beautiful! I've never seen anything like it."

Eli blushed, as much as an elephant could. "Thank you, Flora. What brings you here?"

Flora explained about her lost feather, and Eli immediately offered to help. "Let's look for it together," he said, "Two pairs of eyes are better than one!"

Flora and Eli scoured the oasis, looking high and low for the precious feather. Flora fluttered her wings and searched the treetops, while Eli used his trunk to sift through the tall grass and bushes. As they searched, they shared stories about their lives. Flora told Eli about her love for dancing, and Eli talked about his passion for painting.

The more they talked, the more they realized how much they enjoyed each other's company. Flora's graceful movements inspired Eli, and Eli's creativity fascinated Flora. Despite their differences, they felt a special bond forming between them.

After hours of searching, they finally found Flora's feather caught in the branches of a tree. Flora was overjoyed and thanked Eli with a little dance. Eli, inspired by her joy, decided to paint a picture of Flora dancing with her feather.

"Why don't we combine our talents?" suggested Eli. "You can dance while I paint. We can create something truly unique together!"

Flora loved the idea. From that day on, they met every day at the oasis. Flora would dance, and Eli would capture her movements in his paintings. They became the talk of the savanna, with animals coming from far and wide to watch the dancing flamingo and the painting elephant.

Word about Flora and Eli's collaboration spread far and wide. One day, they received a visit from the King of the Savanna, a wise old lion named Leo. Leo invited them to perform at the Great Savanna Festival, an event celebrated by all the animals of the savanna.

Flora and Eli were excited but nervous. They practiced every day, perfecting their routine. On the day of the festival, the entire savanna gathered to watch them. Flora danced gracefully while Eli painted her every move, creating a masterpiece in real-time.

The crowd watched in awe as Flora's elegant dance and Eli's vibrant painting came together in perfect harmony. When they finished, the savanna erupted in applause. King Leo stepped forward and declared, "Flora and Eli, you have shown us the beauty of friendship and the magic that happens when we combine our talents. You are an inspiration to us all!"

Flora and Eli's performance at the festival marked the beginning of many more collaborations. They continued to create beautiful art together, each day growing closer as friends. They taught the animals of the savanna that true friendship knows no bounds, and that our differences can create the most beautiful harmony.

And so, Flora the Flamingo and Eli the Elephant lived happily ever after, dancing and painting, bringing joy and inspiration to all who saw them. Their story became a legend, reminding everyone that friendship, creativity, and collaboration can make the world a more beautiful place.

Flora Flamingo och Eli Elefants Fantastiska Vänskap

I hjärtat av den afrikanska savannen, under den vidsträckta, gyllene himlen, bodde en graciös flamingo vid namn Flora. Flora älskade att dansa, snurra och göra piruetter på sina smala ben, hennes rosa fjädrar skimrade i solskenet. Intill, i en frodig grön oas, bodde en stor, snäll elefant vid namn Eli. Eli älskade att måla, använde sin snabel för att skapa färgglada mästerverk på stora dukar gjorda av trädbark.

Trots att de bodde nära varandra hade Flora och Eli aldrig träffats. Flora tillbringade sina dagar vid vattnet, övade på sina dansmoves, medan Eli tillbringade sin tid i skuggan av ett gigantiskt baobabträd, där han skapade sin konst. Men en dag blåste en stark vind genom savannen, och Floras favoritfjäder, som hon använde som rekvisita i sina danser, blåste iväg.

Besluten att hitta sin fjäder följde Flora vindens spår till oasen. Där såg hon den mest extraordinära synen: en gigantisk elefant som målade med levande färger. Flora var så fängslad av Elis konst att hon för en stund glömde bort sin förlorade fjäder.

Eli märkte den eleganta flamingon som stod bredvid och hälsade henne med ett vänligt trumpetande. "Hej! Jag heter Eli. Gillar du min målning?"

Flora, fortfarande förbluffad, svarade: "Hej, Eli! Jag heter Flora. Din målning är vacker! Jag har aldrig sett något liknande."

Eli rodnade så mycket som en elefant kan. "Tack, Flora. Vad för dig hit?"

Flora förklarade om sin förlorade fjäder, och Eli erbjöd genast sin hjälp. "Låt oss leta tillsammans," sa han, "två par ögon ser bättre än ett!"

Flora och Eli sökte igenom oasen, letande högt och lågt efter den värdefulla fjädern. Flora fladdrade med sina vingar och sökte bland trädtopparna, medan Eli använde sin snabel för att gräva genom det höga gräset och buskarna. Under tiden de letade delade de berättelser om sina liv. Flora berättade för Eli om sin kärlek till dans, och Eli talade om sin passion för målning.

Ju mer de pratade, desto mer insåg de hur mycket de uppskattade varandras sällskap. Floras graciösa rörelser inspirerade Eli, och Elis kreativitet fascinerade Flora. Trots deras skillnader kände de en speciell bindning växa mellan dem.

Efter timmars letande hittade de äntligen Floras fjäder fastklämd i grenarna på ett träd. Flora var överlycklig och tackade Eli med en liten dans. Eli, inspirerad av hennes glädje, bestämde sig för att måla en bild av Flora när hon dansade med sin fjäder.

"Varför kombinerar vi inte våra talanger?" föreslog Eli. "Du kan dansa medan jag målar. Tillsammans kan vi skapa något verkligt unikt!"

Flora älskade idén. Från den dagen möttes de varje dag vid oasen. Flora dansade, och Eli fångade hennes rörelser i sina målningar. De blev pratsamma i savannen, där djur kom från när och fjärran för att se den dansande flamingon och den målande elefanten.

Ryktet om Flora och Elis samarbete spred sig vida omkring. En dag fick de besök av savannens kung, en vis gammal lejon vid namn Leo. Leo bjöd in dem att uppträda på Den Stora Savannens Festival, ett evenemang som firades av alla savannens djur.

Flora och Eli var både exalterade och nervösa. De tränade varje dag, perfektionerade sin rutin. På festivalens dag samlades hela savannen för att titta på dem. Flora dansade graciöst medan Eli målade hennes varje rörelse, skapade ett mästerverk i realtid.

Publiken såg med förundran på när Floras eleganta dans och Elis levande målning kom samman i perfekt harmoni. När de var klara bröt savannen ut i applåder. Kung Leo trädde fram och förklarade: "Flora och Eli, ni har visat oss vänskapens skönhet och magin som uppstår när vi kombinerar våra talanger. Ni är en inspiration för oss alla!"

Flora och Elis framträdande på festivalen markerade början på många fler samarbeten. De fortsatte att skapa vacker konst tillsammans, och varje dag växte de närmare som vänner. De lärde savannens djur att verklig vänskap känner inga gränser och att våra olikheter kan skapa den vackraste harmonin.

Och så levde Flora Flamingo och Eli Elefant lyckliga i alla sina dagar, dansande och målande, spridande glädje och inspiration till alla som såg dem. Deras historia blev en legend, som påminner alla om att vänskap, kreativitet och samarbete kan göra världen till en vackrare plats.

Marissa the Mermaid and the Mysterious Treasure

In the sparkling waters of Coral Cove, lived a spirited mermaid named Marissa. Marissa was no ordinary mermaid; she had a vibrant tail that shimmered with all the colors of the rainbow and a curious mind that led her to explore every nook and cranny of the ocean. Her best friend was a tiny, cheeky seahorse named Sammy, who loved to accompany her on her adventures.

Marissa dreamed of discovering hidden treasures and unraveling ancient mysteries. She spent her days exploring shipwrecks, swimming through underwater caves, and listening to the whispers of the ocean.

One sunny morning, as Marissa and Sammy played near the surface, they saw a glint of something shiny below them. It was a golden locket, tangled in a bed of seaweed. Marissa picked it up and opened it carefully. Inside, she found a tiny map with a note that read, "To find the greatest treasure of all, follow the path where the moon's light falls."

Excited by the mysterious clue, Marissa and Sammy decided to embark on a quest to find the greatest treasure. They waited eagerly for nightfall, when the moon would cast its light on the ocean.

As the full moon rose, its silvery light created a shimmering path on the water's surface. Marissa and Sammy followed the moonlit path, swimming through coral reefs and over deep, dark abysses.

Their journey took them to the Whispering Woods, an underwater forest of swaying kelp where the currents carried secrets from distant seas. There, they met Old Captain Barnacle, a wise and ancient turtle known for his knowledge of the ocean's secrets.

"Ahoy, young adventurers," greeted Captain Barnacle in a deep, rumbling voice. "What brings you to the Whispering Woods?"

Marissa showed him the map and explained their quest. Captain Barnacle studied it thoughtfully. "This map leads to the Sea of Stars, a place few have seen. Follow the current east until you see the glow of the starfish fields."

Marissa and Sammy thanked Captain Barnacle and set off once more. They swam tirelessly, following the eastward current, until they began to see a soft, glowing light in the distance. As they drew closer, they gasped in awe at the sight before them.

The Sea of Stars was a magical place where thousands of luminous starfish covered the ocean floor, casting a gentle glow that looked like the night sky itself. In the center of this glowing wonderland, they found an ancient shipwreck, half-buried in the sand.

Sammy darted around excitedly. "This must be it! The treasure must be here!"

They searched the shipwreck, peering into every nook and cranny. Finally, hidden behind a large piece of coral, they found a beautiful chest encrusted with pearls and precious gems. With a bit of effort, Marissa managed to open it.

Inside the chest was not gold or jewels, but a large, shimmering pearl and another note. Marissa picked up the pearl, marveling at its beauty, and read the note aloud. "The greatest treasure is not what you hold, but the memories and friendships you make along the way."

As Marissa and Sammy pondered the meaning of the note, the pearl began to glow brighter. Suddenly, it projected an image into the water—a map showing the location of another treasure, even deeper in the ocean.

Intrigued, they decided to follow this new clue. Their journey took them through underwater mountains and mysterious trenches. Along the way, they encountered new friends, including a playful dolphin named Daria and a wise octopus named Otto, who joined them on their quest.

The deeper they went, the darker and more mysterious the ocean became. Yet, Marissa and her friends were undeterred. They reached the Abyssal Kingdom, a place known only in legends, where ancient mermaids were said to have hidden their most valuable treasures.

The Abyssal Kingdom was breathtaking, with towering crystal structures and glowing plants that lit up the dark waters. In the heart of the kingdom, they found a grand palace made entirely of coral and precious stones.

Inside the palace, they were greeted by Queen Seraphina, an ancient mermaid with a kind smile and eyes that twinkled with wisdom. "Welcome, brave adventurers. I see you have found the Pearl of Memories."

Marissa bowed respectfully. "Your Majesty, we followed the clues and found the pearl. It told us the greatest treasure is not what you hold, but the memories and friendships made along the way."

Queen Seraphina nodded. "Indeed. The true treasures of the ocean are the bonds we form and the adventures we share. But you have also unlocked the path to another treasure, one that has been guarded for centuries."

She led them to a hidden chamber within the palace. There, resting on a pedestal, was an ancient book. Queen Seraphina explained, "This book contains the knowledge and wisdom of our ancestors. It is the greatest treasure we possess, for it holds the secrets of the ocean and the stories of our people."

Marissa and her friends were in awe. They realized that their journey had brought them not only to incredible places but also closer together. They had made memories and friendships that were more valuable than any material treasure.

Queen Seraphina entrusted Marissa with the book, knowing she would share its wisdom and stories with the world. With hearts full of gratitude, Marissa, Sammy, Daria, and Otto returned to Coral Cove, where they were greeted as heroes.

Marissa used the knowledge from the book to teach others about the ocean's wonders and the importance of friendship and adventure. Sammy, Daria, and Otto became her loyal companions, and together, they continued to explore and protect the ocean.

From that day on, Marissa the Mermaid and her friends were known throughout the ocean as the keepers of the greatest treasure—knowledge, memories, and the bonds of friendship. Their adventures inspired countless others, proving that the true magic of the ocean lay in the connections we make and the stories we share.

And so, they lived happily ever after, exploring, learning, and cherishing every moment together in their magical underwater world.

Marissa Sjöjungfrun och Det Mystiska Skatten

I det skimrande vattnet vid Korallvik levde en livlig sjöjungfru vid namn Marissa. Marissa var ingen vanlig sjöjungfru; hon hade en levande svans som glittrade i alla regnbågens färger och en nyfikenhet som ledde henne att utforska varje vrå av havet. Hennes bästa vän var en liten busig sjöhäst vid namn Sammy, som älskade att följa med på hennes äventyr.

Marissa drömde om att upptäcka gömda skatter och att lösa antika mysterier. Hon tillbringade sina dagar med att utforska skeppsvrak, simma genom undervattensgrottor och lyssna till havets viskningar.

En solig morgon, medan Marissa och Sammy lekte nära ytan, såg de en glimt av något blankt under dem. Det var ett gyllene halsband, snärjt i ett säng av sjögräs. Marissa plockade upp det och öppnade det försiktigt. Inuti hittade hon en liten karta med en lapp som läste: "För att hitta den största skatten av alla, följ stigen där månens ljus faller."

Uppspelt av det mystiska ledtrådet bestämde sig Marissa och Sammy för att ge sig ut på en quest för att hitta den största skatten. De väntade ivrigt på skymning, när månen skulle kasta sitt ljus över havet.

När fullmånen steg upp skapade dess silverljus en skimrande stig på vattnets yta. Marissa och Sammy följde den månbelysta stigen, simmade genom korallrev och över djupa, mörka avgrunder.

Deras resa förde dem till Viskande Skogarna, en undervattensskog av svajande kelp där strömmarna bar hemligheter från avlägsna hav. Där träffade de Gamle Kapten Krabba, en vis och uråldrig sköldpadda känd för sin kunskap om havets hemligheter.

"Ohoj, unga äventyrare," hälsade Kapten Krabba med en djup, dånande röst. "Vad för er till Viskande Skogarna?"

Marissa visade honom kartan och förklarade deras uppdrag. Kapten Krabba studerade den tankfullt. "Den här kartan leder till Stjärnhavet, en plats få har sett. Följ strömmen österut tills ni ser glöden från sjöstjärnefälten."

Marissa och Sammy tackade Kapten Krabba och gav sig iväg igen. De simmade outtröttligt, följde den östliga strömmen tills de började se ett mjukt, lysande ljus på avstånd. När de kom närmare, drog de efter andan i förundran över den syn som mötte dem.

Stjärnhavet var en magisk plats där tusentals lysande sjöstjärnor täckte havets botten, kastande ett mjukt sken som liknade natthimlen själv. I mitten av denna glödande underverld fann de ett antikt skeppsvrak, halvbegravt i sanden.

Sammy sprattlade runt upphetsat. "Det här måste vara det! Skatten måste vara här!"

De sökte genom skeppsvraket, tittade in i varje vrå och vrå. Slutligen, gömd bakom en stor korallbit, hittade de en vacker kista besatt med pärlor och ädelstenar. Med lite ansträngning lyckades Marissa öppna den.

I kistan fanns inte guld eller juveler, men en stor, skimrande pärla och en annan lapp. Marissa lyfte upp pärlan, förundrande över dess skönhet, och läste högt från lappen. "Den största skatten är inte det du håller i handen, utan minnena och vänskaperna du skapar längs vägen."

När Marissa och Sammy funderade över betydelsen av lappen började pärlan lysa allt starkare. Plötsligt projicerade den en bild i vattnet - en karta som visade platsen för en annan skatt, ännu djupare i havet.

Nyfikna bestämde de sig för att följa denna nya ledtråd. Deras resa förde dem genom undervattensberg och mystiska dalar. På vägen träffade de nya vänner, inklusive en lekfull delfin vid namn Daria och en vis bläckfisk vid namn Otto, som följde med dem på deras quest.

Ju djupare de gick, desto mörkare och mer mystisk blev havet. Ändå var Marissa och hennes vänner obesvärade. De nådde Djuphavriket, en plats bara känd i legender, där uråldriga sjöjungfrur sägs ha gömt sina mest värdefulla skatter.

Djuphavriket var hisnande, med höga kristallstrukturer och lysande växter som lyste upp de mörka vattnen. I hjärtat av riket hittade de ett storslaget palats helt gjort av korall och ädelstenar.

Inne i palatset blev de välkomnade av Drottning Seraphina, en uråldrig sjöjungfru med ett vänligt leende och ögon som glittrade av visdom. "Välkomna, tappra äventyrare. Jag ser att ni har hittat Minnens Pärla."

Marissa bugade respektfullt. "Ers Majestät, vi följde ledtrådarna och hittade pärlan. Den berättade för oss att den största skatten är inte vad du håller i handen, utan minnena och vänskaperna som skapats längs vägen."

Drottning Seraphina nickade. "Verkligen. Havets verkliga skatter är de band vi skapar och äventyren vi delar. Men ni har också låst upp vägen till en annan skatt, en som har vaktats i århundraden."

Hon ledde dem till en gömd kammare inom palatset. Där, vilande på en piedestal, fanns en antik bok. Drottning Seraphina förklarade, "Den här boken innehåller kunskapen och visdomen från våra förfäder. Det är den största skatten vi äger, för den håller hemligheterna i havet och berättelserna om vårt folk."

Marissa och hennes vänner var i förundran. De insåg att deras resa hade fört dem inte bara till otroliga platser, utan också närmare varandra. De hade skapat minnen och vänskaper som var mer värdefulla än någon materiell skatt.

Drottning Seraphina anförtrodde Marissa boken, med vetskapen att hon skulle dela dess visdom och berättelser med världen. Med hjärtan fyllda av tacksamhet återvände Marissa, Sammy, Daria och Otto till Korallvik, där de välkomnades som hjältar.

Marissa använde kunskapen från boken för att lära andra om havets under och vikten av vänskap och äventyr. Sammy, Daria och Otto blev hennes lojala följeslagare, och tillsammans fortsatte de att utforska och skydda havet.

Från den dagen var Marissa Sjöjungfru och hennes vänner kända över hela havet som väktare av den största skatten - kunskap, minnen och banden av vänskap. Deras äventyr inspirerade otaliga andra, vilket visade att havets verkliga magi ligger i de band vi skapar och de berättelser vi delar.

Och så levde de lyckliga i alla sina dagar, utforskande, lärande och värderande varje ögonblick tillsammans i sin magiska undervattensvärld.

Timmy the Inventor and the Incredible Invention

In the bustling town of Tinkerburg, there lived a boy named Timmy with a wild imagination and an insatiable curiosity. Timmy loved to tinker with gadgets, take apart old machines, and invent new ones. His bedroom was a chaotic workshop filled with gears, wires, and half-finished projects. While other kids played outside, Timmy spent hours in his little lab, dreaming up extraordinary inventions.

Timmy's best friend was a clever cat named Gizmo. Gizmo was always by Timmy's side, offering a purr of encouragement or a nudge in the right direction. Together, they were a formidable team.

One day, as Timmy rummaged through a box of old parts, he found a dusty, leather-bound book titled "The Big Book of Inventions." Excitedly, he opened it and found plans for an array of incredible machines, but one invention stood out: "The Incredible Contraption."

"The Incredible Contraption can make any dream come true," the book claimed. Timmy's eyes widened with excitement. This was it—the invention that could change everything.

Timmy studied the blueprint carefully. The Incredible Contraption was a complex machine, with cogs, levers, and mysterious tubes. It required an assortment of parts, many of which Timmy had never seen before.

Determined to build it, Timmy and Gizmo set out on a scavenger hunt around Tinkerburg. They visited the junkyard, the old clockmaker's shop, and even the abandoned factory at the edge of town. Piece by piece, they collected the components needed for their invention.

Back in his workshop, Timmy worked tirelessly. He assembled gears, connected wires, and tightened bolts. Gizmo watched intently, occasionally batting at a loose screw or chasing a runaway bolt. After weeks of hard work, the Incredible Contraption began to take shape.

The final step was to power the machine. According to the book, it needed a "Spark of Magic." Timmy scratched his head. Where could he find magic in a town like Tinkerburg?

He remembered the old stories his grandmother used to tell him about the Magic Oak Tree in the Whispering Woods. The tree was said to possess magical powers that could grant wishes. With renewed determination, Timmy and Gizmo set off into the forest.

The Whispering Woods were filled with ancient trees that seemed to murmur secrets to each other. Timmy followed the winding path until he reached the Magic Oak Tree, a towering giant with glowing leaves.

"Hello, Magic Oak," Timmy said respectfully. "I'm building an incredible invention, and I need a Spark of Magic to make it work. Can you help me?"

The tree's branches swayed, and a single glowing leaf floated down into Timmy's hands. "Thank you!" Timmy exclaimed, his heart pounding with excitement. He carefully tucked the leaf into his pocket and hurried back to his workshop.

Back in his lab, Timmy placed the glowing leaf into the heart of the Incredible Contraption. With a deep breath, he flipped the switch. The machine hummed to life, gears turning and lights flashing. Timmy and Gizmo watched in awe as the Contraption began to glow with a magical light.

"What should we wish for first?" Timmy wondered aloud. After a moment's thought, he said, "I wish to fly!"

The machine whirred and clanked, and suddenly, a pair of wings sprouted from Timmy's back. "Whoa!" Timmy exclaimed, flapping his new wings. With a little practice, he soared around the room, laughing with delight.

Next, Timmy wished for a never-ending supply of ice cream. The Contraption produced a magical ice cream dispenser that filled the room with every flavor imaginable. Timmy and Gizmo indulged in a delicious ice cream feast.

Word of Timmy's incredible invention spread quickly through Tinkerburg. Soon, everyone wanted to see the boy and his amazing machine. Timmy welcomed them all, eager to share his invention with the world.

He used the Contraption to help people in all sorts of ways. For Mrs. Maple, who had lost her beloved cat, the Contraption created a device that could find lost pets. For Mr. Jones, the baker, it produced an oven that never burnt bread. And for little Sally, who dreamed of being a princess, it conjured a beautiful dress and a sparkling tiara.

Tinkerburg was transformed by Timmy's incredible invention. The townspeople were happier, and life was more magical than ever before. Timmy had become a local hero, admired by everyone for his creativity and generosity.

As the weeks passed, Timmy noticed something strange. The more he used the Incredible Contraption, the dimmer its magical glow became. One day, the machine sputtered and stopped altogether. Timmy was heartbroken.

He returned to the Magic Oak Tree, seeking advice. "Magic Oak, why has my machine stopped working?" he asked.

The tree's branches rustled, and a deep, wise voice replied, "The true magic, Timmy, comes from within you. The Contraption was a tool, but your creativity, kindness, and hard work are the real magic. Remember that, and you can achieve anything."

Timmy thought about the tree's words. He realized that while the machine had been amazing, it was his own ingenuity and effort that had made it possible. With a newfound sense of purpose, he returned to his workshop.

Timmy decided to rebuild the Incredible Contraption, but this time, he focused on making it even better. He incorporated new ideas and improved designs. Gizmo, as always, was by his side, offering support and the occasional playful distraction.

With the help of his friends and neighbors, Timmy's workshop became a hub of creativity and innovation. The townspeople brought their own ideas and inventions, and together, they created a community of inventors.

The new Incredible Contraption was even more marvelous than before, powered not just by a Spark of Magic, but by the collective creativity and effort of the whole town. Timmy realized that the greatest invention of all was the sense of community and the joy of working together.

Timmy's legacy lived on in Tinkerburg. He continued to invent and inspire others, always remembering the lesson from the Magic Oak Tree. His inventions brought joy and wonder to countless people, and his story was passed down through generations.

And so, Timmy the Inventor and his clever cat Gizmo lived happily ever after, in a town where dreams came true and the true magic was found in the hearts of its people.

Timmy Uppfinnaren och Den Otroliga Uppfinningen

I den livliga staden Tinkerburg bodde en pojke vid namn Timmy med en vild fantasi och en outtröttlig nyfikenhet. Timmy älskade att meka med prylar, plocka isär gamla maskiner och uppfinna nya. Hans sovrum var ett kaotiskt verkstad fyllt med kugghjul, kablar och halvfärdiga projekt. Medan andra barn lekte utanför, tillbringade Timmy timmar i sitt lilla labb och drömde om extraordinära uppfinningar.

Timmys bästa vän var en smart katt vid namn Gizmo. Gizmo var alltid vid Timmys sida och erbjöd ett mjau av uppmuntran eller en knuff åt rätt håll. Tillsammans utgjorde de ett formidabelt team.

En dag, när Timmy rotade bland en låda med gamla delar, hittade han en dammig, läderbunden bok med titeln "Den Stora Boken om Uppfinningar". Uppspelt öppnade han den och fann ritningar på en rad otroliga maskiner, men en uppfinning stack ut: "Den Otroliga Kontraptionen".

"Den Otroliga Kontraptionen kan låta vilken dröm som helst gå i uppfyllelse", påstod boken. Timmys ögon vidgades av spänning. Detta var det—uppfinningen som kunde förändra allt.

Timmy studerade ritningen noggrant. Den Otroliga Kontraptionen var en komplex maskin med kugghjul, spakar och mystiska rör. Den krävde ett sortiment av delar, många som Timmy aldrig hade sett förut.

Besluten att bygga den, begav sig Timmy och Gizmo ut på en skattjakt runt Tinkerburg. De besökte skrotgården, den gamla klockmakarens verkstad och till och med den övergivna fabriken i stadens utkant. Bit för bit samlade de ihop de komponenter som behövdes för deras uppfinning.

Åter i sitt verkstad arbetade Timmy outtröttligt. Han monterade kugghjul, kopplade kablar och drog åt bultar. Gizmo såg på uppmärksamt, ibland klöste på en lösa skruv eller jagade en lös bult. Efter veckor av hårt arbete började Den Otroliga Kontraptionen ta form.

Det sista steget var att driva maskinen. Enligt boken behövde den en "Funka av Magi". Timmy klödde sig i huvudet. Var kunde han hitta magi i en stad som Tinkerburg?

Han kom ihåg de gamla historierna hans mormor brukade berätta om Magiska Ekträdet i Viskande Skogarna. Trädet sades ha magiska krafter som kunde uppfylla önskningar. Med förnyad beslutsamhet begav sig Timmy och Gizmo iväg in i skogen.

Viskande Skogarna var fyllda med gamla träd som verkade mumla hemligheter till varandra. Timmy följde den slingrande stigen tills han nådde Magiska Ekträdet, en mäktig jätte med lysande löv.

"Hej, Magiska Ek," sade Timmy respektfullt. "Jag bygger en otrolig uppfinning och jag behöver en Funka av Magi för att få den att fungera. Kan du hjälpa mig?"

Trädets grenar gungade, och ett enda lysande löv flöt ned i Timmys händer. "Tack!" utropade Timmy, hans hjärta dunkade av spänning. Han stoppade försiktigt lövet i sin ficka och skyndade tillbaka till sin verkstad.

Åter i sitt labb placerade Timmy det lysande lövet i hjärtat av Den Otroliga Kontraptionen. Med ett djupt andetag vred han på knappen. Maskinen började surra till liv, kugghjul snurrade och lampor blinkade. Timmy och Gizmo såg med förundran på som Kontraptionen började lysa med en magisk glans.

"Vad ska vi önska oss först?" undrade Timmy högt. Efter en stunds betänketid sa han, "Jag önskar att kunna flyga!"

Maskinen brummade och klankade, och plötsligt växte ett par vingar ut från Timmys rygg. "Wow!" utropade Timmy och flaxade med sina nya vingar. Med lite övning svävade han runt i rummet och skrattade av förtjusning.

Nästa önskning från Timmy var en outsinlig försörjning av glass. Kontraptionen producerade en magisk glassdispenser som fyllde rummet med alla tänkbara smaker. Timmy och Gizmo njöt av en läcker glassfest.

Ryktet om Timmys otroliga uppfinning spreds snabbt genom Tinkerburg. Snart ville alla se pojken och hans fantastiska maskin. Timmy välkomnade dem alla, ivrig att dela sin uppfinning med världen.

Han använde Kontraptionen för att hjälpa människor på alla möjliga sätt. För fru Lönn som hade förlorat sin älskade katt skapade Kontraptionen en enhet som kunde hitta försvunna husdjur. För herr Jones, bagaren, producerade den en ugn som aldrig brände bröd. Och för lilla Sally, som drömde om att vara prinsessa, frammanade den en vacker klänning och en glittrande tiara.

Tinkerburg förvandlades av Timmys otroliga uppfinning. Stadsborna var lyckligare, och livet var mer magiskt än någonsin tidigare. Timmy hade blivit en lokal hjälte, beundrad av alla för sin kreativitet och generositet.

När veckorna gick märkte Timmy något konstigt. Ju mer han använde Den Otroliga Kontraptionen, desto svagare blev dess magiska glöd. En dag sprakade maskinen och stannade helt. Timmy var knäckt.

Han återvände till Magiska Ekträdet för att söka råd. "Magiska Ek, varför har min maskin slutat fungera?" frågade han.

Trädets grenar susade, och en djup, vis röst svarade, "Den sanna magin, Timmy, kommer inifrån dig. Kontraptionen var ett verktyg, men din kreativitet, vänlighet och hårda arbete är den verkliga magin. Kom ihåg det, och du kan uppnå vad som helst."

Timmy tänkte på trädet ord. Han insåg att även om maskinen hade varit fantastisk, var det hans egen uppfinningsrikedom och ansträngning som hade gjort det möjligt. Med en nyfunnen känsla av syfte återvände han till sitt labb.

Timmy beslutade sig för att återbygga Den Otroliga Kontraptionen, men den här gången fokuserade han på att göra den ännu bättre. Han integrerade nya idéer och förbättrade designen. Gizmo, som alltid, var vid hans sida och erbjöd stöd och det ibland lekfulla distraktioner.

Med hjälp av sina vänner och grannar blev Timmys verkstad ett centrum för kreativitet och innovation. Stadsborna bidrog med sina egna idéer och uppfinningar, och tillsammans skapade de en gemenskap av uppfinnare.

Den nya Otroliga Kontraptionen var ännu mer underbar än tidigare, drivet inte bara av en Funka av Magi, utan av den samlade kreativiteten och ansträngningen från hela staden. Timmy insåg att den största uppfinningen av alla var känslan av gemenskap och glädjen att arbeta tillsammans.

Timmys arv levde vidare i Tinkerburg. Han fortsatte att uppfinna och inspirera andra, alltid med minnet av läxan från Magiska Ekträdet i åtanke. Hans uppfinningar spred glädje och förundran till otaliga människor, och hans historia fördes vidare genom generationer.

Och så levde Uppfinnaren Timmy och hans kluriga katt Gizmo lyckliga i alla sina dagar, i en stad där drömmar blev sanna och den verkliga magin fanns i människornas hjärtan.

Gary the Great Grey Cat

In a quaint little town nestled between rolling hills and whispering forests, there lived a cat named Gary. Now, Gary was no ordinary cat. He was a great grey cat with fur as soft as the morning mist and eyes that sparkled like emeralds in the sunlight. But what truly set Gary apart was his insatiable curiosity and a penchant for finding himself in the most peculiar situations.

Gary resided in a cozy cottage with Mrs. Paws, an elderly lady with a heart as warm as freshly baked cookies. Mrs. Paws adored Gary and treated him like her own child, though Gary often wondered if he was more like her mischievous nephew. Every day, Mrs. Paws would leave a saucer of milk by the window and a plate of sardines by the hearth for Gary's supper.

One fine morning, as the sun peeked over the horizon, Gary woke up with a feeling of restlessness stirring within him. His tail twitched with anticipation as he gazed out the window at the world beyond. It was a perfect day for an adventure, Gary thought to himself, as a gentle breeze ruffled his fur.

With a flick of his whiskers and a bound of excitement, Gary ventured out into the town. He wandered down cobbled streets lined with colorful houses, nodding politely to the other cats and dogs who greeted him along the way. But Gary wasn't just strolling aimlessly; he had a mission—to explore the mysteries of

Tumbleton-on-Moor and perhaps uncover a tale or two worth telling.

As Gary trotted through the town square, he noticed a commotion near the bakery. A group of pigeons was squawking excitedly, fluttering their wings in a frenzy. Curious as ever, Gary padded closer to investigate.

"What's all the fuss about?" Gary asked, his voice a low purr.

One of the pigeons, a plump fellow with a patch of feathers missing on his wing, turned to Gary with wide eyes. "Oh, Gary the Great Grey Cat! You must help us! Our friend Percy has been captured by the fearsome Magpie Gang!"

Gary's ears pricked up with concern. He had heard tales of the Magpie Gang—a notorious group of birds known for their cunning ways and shiny collection of stolen trinkets. If Percy was in their clutches, Gary knew he had to do something to help.

"I'll find Percy for you," Gary declared bravely, his tail held high. "Lead me to where the Magpie Gang lurks."

The pigeons chirped with relief and quickly guided Gary through the winding alleys of Tumbleton-on-Moor to a towering oak tree at the edge of town. Nestled among the branches, Gary spotted a band of magpies, their black and white feathers glistening in the sunlight as they chattered amongst themselves.

Gary approached the tree cautiously, his keen eyes scanning the surroundings for any sign of Percy. Suddenly, he spotted a flash of grey feathers huddled in a small cage dangling from a branch high above. It was Percy, looking forlorn but unharmed.

Thinking quickly, Gary concocted a plan. He sauntered up to the base of the oak tree and cleared his throat loudly. The magpies stopped squabbling and turned to see Gary, their eyes narrowing suspiciously.

"Good morning, esteemed Magpie Gang," Gary greeted them with a polite bow. "I've come to propose a trade—a shiny, new feather duster for the safe return of Percy the Pigeon."

The leader of the Magpie Gang, a sleek bird with a golden glint in his eye, cocked his head to the side and considered Gary's offer. Feathers ruffled and wings flapped as the gang deliberated among themselves. Finally, the leader nodded in agreement.

"You have a deal, Gary the Great Grey Cat," the magpie said with a crooked grin. "Hand over the feather duster, and Percy is free to go."

Gary fetched the feather duster from Mrs. Paws' attic, where he knew she kept her cleaning supplies. He brought it back to the oak tree and held it up for the magpies to see. With a flick of his tail, he released the latch on Percy's cage, and the relieved pigeon fluttered down to safety.

The pigeons cheered and circled around Gary, showering him with thanks and praises. Percy hopped onto Gary's shoulder and nuzzled against his neck gratefully.

"Thank you, Gary," Percy cooed softly. "You truly are the greatest grey cat in all of Tumbleton-on-Moor!"

Gary blushed modestly but couldn't hide his satisfaction. He had successfully rescued Percy and outsmarted the Magpie Gang—a feat worthy of a tale or two.

As Gary made his way back home, his heart swelled with pride. He realized that being a hero wasn't just about bravery or cleverness; it was about using your talents to help others and make a difference in their lives. And as Gary curled up by the hearth that evening, enjoying his sardines and listening to Mrs. Paws hum a tune, he knew that he was exactly where he belonged—in a town where even a great grey cat could find adventure, friendship, and a sense of purpose.

Gary den Stora Gråa Katten

I en pittoresk liten stad som låg mellan rullande kullar och susande skogar bodde en katt vid namn Gary. Nu var Gary ingen vanlig katt. Han var en stor grå katt med päls så mjuk som morgondimma och ögon som gnistrade som smaragder i solskenet. Men det som verkligen skilde Gary från mängden var hans outtröttliga nyfikenhet och förmåga att hamna i de mest märkliga situationerna.

Gary bodde i en mysig stuga med fru Tassar, en äldre dam med ett hjärta lika varmt som nybakade kakor. Fru Tassar älskade Gary och behandlade honom som sitt eget barn, även om Gary ofta undrade om han snarare var som hennes busiga brorson. Varje dag ställde fru Tassar fram en skål med mjölk vid fönstret och en tallrik med sardiner vid spisen till Garys middag.

En fin morgon när solen tittade över horisonten vaknade Gary med en känsla av rastlöshet inom sig. Hans svans ryckte av förväntan när han tittade ut genom fönstret mot världen utanför. Det var en perfekt dag för ett äventyr, tänkte Gary för sig själv, när en lätt bris rufsade till hans päls.

Med en vickning på morrhåren och ett hopp av spänning gav sig Gary ut i staden. Han vandrade längs kullerstensgator kantade av färgglada hus, nickade artigt till de andra katter och hundar som hälsade på honom längs vägen. Men Gary promenerade inte bara mållöst; han hade en mission – att utforska

Tumbleton-on-Moors mysterier och kanske avslöja en eller två berättelser värda att berätta.

När Gary travade genom stadsplatsen märkte han en uppståndelse nära bageriet. En grupp duvor skrek exalterat och fladdrade med vingarna i en frossa. Nyfiken som alltid närmade sig Gary försiktigt för att undersöka.

"Vad är allt rabalder om?" frågade Gary, hans röst en djup spin.

En av duvorna, en rundad individ med en fläck av saknade fjädrar på vingen, vände sig till Gary med vidöppna ögon. "Åh, Gary den Stora Gråa Katten! Du måste hjälpa oss! Vår vän Percy har blivit tillfångatagen av den fruktade Skatgänget!"

Garys öron spetsades med oro. Han hade hört sagor om Skatgänget – en ökänd grupp fåglar kända för sina kluriga sätt och sin glänsande samling av stulna smycken. Om Percy var i deras klor visste Gary att han måste göra något för att hjälpa till.

"Jag ska hitta Percy åt er," förklarade Gary modigt, hans svans hölls högt. "Led mig till där Skatgänget lurar."

Duvorna kvidde av lättnad och guidade snabbt Gary genom Tumbleton-on-Moors slingrande gränder till en hög ek i stadens utkant. Inbäddad bland grenarna såg Gary en skara skator, deras svarta och vita fjädrar glittrade i solskenet när de pladdrade med varandra.

Gary närmande sig trädet försiktigt, hans skarpa ögon skannade omgivningarna efter något tecken på Percy. Plötsligt såg han en blixt av gråa fjädrar hopkurade i en liten bur dinglande från en gren högt ovanför. Det var Percy, som såg bedrövad ut men oskadad.

Tänkande snabbt utarbetade Gary en plan. Han gick upp till basen av ekträdet och rensade halsen högt. Skatorna slutade kivas och vände sig för att se Gary, deras ögon smalnade misstänksamt.

"God morgon, ansedda Skatgänget," hälsade Gary dem med en artig bugning. "Jag har kommit för att föreslå en affär – en skinande ny fjädervippa mot den säkra återkomsten av Percy duvan."

Ledaren för Skatgänget, en smidig fågel med en guldglimt i ögat, lade huvudet på sned och övervägde Garys erbjudande. Fjädrar rufsade och vingar fladdrade medan gänget övervägde bland sig själva. Slutligen nickade ledaren i samförstånd.

"Du har en affär, Gary den Stora Gråa Katten," sa skatan med ett snett leende. "Ge över fjädervippan och Percy är fri att gå."

Gary hämtade fjädervippan från fru Tassars vind, där han visste att hon höll sina städredskap. Han tog med den tillbaka till ekträdet och höll den upp så att skatorna kunde se den. Med en vickning på sin svans släppte han låset på Percys bur, och den lättade duvan flög ner i säkerhet.

Duvorna jublade och cirkulerade runt Gary, överöste honom med tack och beröm. Percy hoppade på Garys axel och nös mjukt mot hans nacke.

"Tack, Gary," kvidde Percy mjukt. "Du är verkligen den största gråa katten i hela Tumbleton-on-Moor!"

Gary rodnade ödmjukt men kunde inte dölja sin tillfredsställelse. Han hade framgångsrikt räddat Percy och överlistat Skatgänget – en bedrift värd att berätta ett eller två sagor om.

När Gary gjorde sig hemåt svällde hans hjärta av stolthet. Han insåg att att vara en hjälte handlade inte bara om mod eller klurighet; det handlade om att använda sina talanger för att hjälpa andra och göra skillnad i deras liv. Och när Gary krullade ihop vid spisen den kvällen, njöt han av sina sardiner och lyssnade på fru Tassar nynna en melodi, visste han att han var precis där han hörde hemma – i en stad där även en stor grå katt kunde hitta äventyr, vänskap och en känsla av syfte.

Ulysses the Unusual Unicorn

In the enchanted land of Everglow, where meadows stretched as far as the eye could see and the air was always filled with the sweet scent of wildflowers, lived a unicorn named Ulysses. Now, Ulysses was not your typical unicorn. His mane was a riot of colors—shimmering pink, electric blue, and sunshine yellow—all blending together in a fantastical swirl. His hooves sparkled with every step, leaving a trail of glitter wherever he went. But what truly set Ulysses apart from other unicorns was his insatiable curiosity and his uncanny ability to find adventure in the most ordinary places.

Ulysses resided in a cozy glade nestled between two ancient oak trees. His best friend was a mischievous squirrel named Nutmeg, who had a knack for finding trouble wherever she went. Together, they spent their days frolicking in sunlit meadows, exploring hidden caves, and dreaming up grand quests.

One sunny morning, as Ulysses grazed on the dew-kissed grass, a magnificent rainbow arched across the sky. Its colors were so vivid and its glow so magical that Ulysses couldn't tear his gaze away. Nutmeg scampered up a nearby tree and chattered excitedly.

"Ulysses, have you ever wondered where rainbows come from?" Nutmeg asked, her bushy tail twitching with curiosity.

Ulysses tilted his head thoughtfully. "I've heard stories," he replied, "but no one really knows for sure. Some say they're painted by the fairies, others believe they're bridges to a hidden treasure."

Nutmeg's eyes gleamed mischievously. "What if we embark on a quest to find out the truth? To discover the secret of rainbows!"

Ulysses' heart leaped with excitement. He had always yearned for a quest worthy of his colorful mane. "Let's do it, Nutmeg! But where do we begin?"

Nutmeg scampered down from the tree and pointed towards a distant mountain peak, where the rainbow seemed to touch the ground. "There! I've heard tales of a magical pool at the base of Rainbow Mountain. They say it holds the key to unraveling the mystery of rainbows."

Without hesitation, Ulysses and Nutmeg set off towards Rainbow Mountain. Along the way, they encountered a wise old owl perched on a gnarled oak branch. His feathers were streaked with silver, and his eyes gleamed with ancient wisdom.

"Hoo-hoo, young travelers," the owl hooted solemnly. "I sense you seek the secrets of the rainbow."

Ulysses nodded eagerly. "Yes, wise owl. Do you know where the magical pool lies?"

The owl blinked slowly. "Indeed, it rests beyond the Whispering Woods, where the light of the rainbow touches the earth. But beware, for the path is fraught with challenges and trials."

Undeterred, Ulysses thanked the owl and pressed onward with Nutmeg by his side. They ventured deep into the Whispering Woods, where ancient trees whispered secrets of forgotten times. The air was thick with mystery and magic, and every rustle of leaves seemed to beckon them forward.

As they emerged from the forest, Rainbow Mountain loomed before them—a majestic peak crowned with swirling mists of every color imaginable. At its base lay a shimmering pool that reflected the rainbow's hues in dazzling patterns.

Ulysses approached the pool cautiously, his heart pounding with anticipation. He dipped his hoof into the cool waters, and a ripple of magic spread across the surface. Nutmeg watched with wide eyes as the colors of the rainbow danced in the pool, swirling and mingling like a living painting.

Suddenly, a voice echoed through the air—a melodious hum that seemed to come from all around them. "Welcome, seekers of truth. You have come far to uncover the mystery of rainbows."

Ulysses and Nutmeg turned to see a radiant figure materialize before them—a rainbow spirit with translucent wings that shimmered with every color of the spectrum. She smiled warmly at them, her eyes twinkling with ancient knowledge.

"I am Iris, guardian of the rainbow," the spirit said, her voice like a gentle breeze. "The rainbow is a bridge of light and hope, painted by the harmony of sun and rain. It is a gift to remind us of beauty and wonder in the world."

Ulysses and Nutmeg listened in awe as Iris explained how each color of the rainbow represented a different aspect of nature—red for passion, orange for warmth, yellow for joy, green for growth, blue for peace, indigo for intuition, and violet for creativity.

"But where does the rainbow end?" Ulysses asked, his eyes filled with wonder.

Iris smiled knowingly. "The end of the rainbow is wherever you find magic in your heart, dear Ulysses. It is a journey, not a destination."

With newfound understanding, Ulysses and Nutmeg bid farewell to Iris and began their journey home. The rainbow arched overhead, its colors vibrant and alive against the canvas of the sky. As they trotted through sunlit meadows and past whispering forests, they knew their quest had filled their hearts with a deeper appreciation for the wonders of the world.

Back in their glade, Ulysses and Nutmeg shared their tale with the other creatures of Everglow—the rabbits, the foxes, and even the wise old owl. They gathered under the stars, their hearts brimming with the magic of the rainbow and the joy of friendship.

And so, Ulysses the Unusual Unicorn and Nutmeg the Mischievous Squirrel lived happily ever after, their hearts forever touched by the remarkable rainbow quest that had taught them the true meaning of wonder and the beauty of the world around them.

Ulysses den Ovanliga Enhörningen

I den förtrollade landet Everglow, där ängar sträckte sig så långt ögat kunde nå och luften alltid fylldes av den söta doften av vildblommor, bodde en enhörning vid namn Ulysses. Nu var inte Ulysses någon vanlig enhörning. Hans man var en virvel av färger – skimrande rosa, elektriskt blå och solgul – allt blandat i en fantastisk virvel. Hans hovar gnistrade med varje steg, lämnande en spår av glitter vart han än gick. Men det som verkligen skilde Ulysses från andra enhörningar var hans outtröttliga nyfikenhet och hans ofattbara förmåga att hitta äventyr på de mest ordinära platser.

Ulysses bodde i en mysig glänta mellan två uråldriga ekar. Hans bästa vän var en busig ekorre vid namn Nutmeg, som hade en talang för att hitta trubbel vart hon än gick. Tillsammans tillbringade de sina dagar med att leka i solbelysta ängar, utforska gömda grottor och drömma om storslagna äventyr.

En solig morgon när Ulysses betade på daggkysst gräs, böjde sig en magnifik regnbåge över himlen. Dess färger var så levande och dess glans så magisk att Ulysses inte kunde slita blicken från den. Nutmeg sprang upp i ett närliggande träd och pratade upphetsat.

"Ulysses, har du någonsin funderat över var regnbågar kommer ifrån?" frågade Nutmeg, hennes busiga svans vibrerande av nyfikenhet.

Ulysses lutade sitt huvud eftertänksamt. "Jag har hört historier," svarade han, "men ingen vet egentligen säkert. Vissa säger att de målas av älvorna, andra tror att de är broar till en gömd skatt."

Nutmegs ögon glittrade lurigt. "Tänk om vi ger oss ut på ett äventyr för att ta reda på sanningen? För att upptäcka hemligheten med regnbågar!"

Ulysses hjärta hoppade av spänning. Han hade alltid längtat efter ett äventyr värdigt hans färgglada man. "Låt oss göra det, Nutmeg! Men var börjar vi?"

Nutmeg sprang ner från trädet och pekade mot en avlägsen bergstopp, där regnbågen tycktes nå marken. "Där! Jag har hört sagor om en magisk pool vid foten av Regnbågsberget. De säger att den håller nyckeln till att lösa mysteriet med regnbågar."

Utan tvekan gav sig Ulysses och Nutmeg iväg mot Regnbågsberget. På vägen mötte de en vis gammal uggla som satt på en knotig ek gren. Hans fjädrar var strimmiga med silver, och hans ögon glittrade av uråldrig visdom.

"Hoo-hoo, unga resenärer," hoade ugglan allvarligt. "Jag känner att ni söker regnbågens hemligheter."

Ulysses nickade ivrigt. "Ja, visa ugglan. Vet du var den magiska poolen ligger?"

Ugglan blinkade långsamt. "Ja, den ligger bortom Viskande Skogen, där regnbågens ljus når jorden. Men var på er vakt, för vägen är fylld av utmaningar och prövningar."

Obesegrade tackade Ulysses ugglan och fortsatte framåt med Nutmeg vid sin sida. De vandrade djupt in i Viskande Skogen, där uråldriga träd viskade hemligheter från glömda tider. Luft var tjock av mysterier och magi, och varje susning av löv verkade locka dem framåt.

När de kom ut ur skogen, reste Regnbågsberget framför dem – en majestätisk topp krönt med virvlande dimmor i alla tänkbara färger. Vid dess fot låg en skimrande pool som speglade regnbågens nyanser i bländande mönster.

Ulysses närmade sig poolen försiktigt, hans hjärta dunkande av förväntan. Han doppade sitt hov i det svala vattnet, och en våg av magi spred sig över ytan. Nutmeg såg med vidöppna ögon när regnbågens färger dansade i poolen, virvlade och blandade sig som en levande målning.

Plötsligt ekade en röst genom luften – en melodiskt susning som verkade komma från alla håll runt dem. "Välkomna, sanningssökare. Ni har kommit långt för att avslöja regnbågens mysterium."

Ulysses och Nutmeg vände sig om för att se en strålande gestalt materialisera sig framför dem – en regnbågsand med genomskinliga vingar som glittrade i alla spektrums färger. Hon log varmt mot dem, hennes ögon glittrade av uråldrig kunskap.

"Jag är Iris, regnbågens beskyddare," sa anden, hennes röst som en mild bris. "Regnbågen är en bro av ljus och hopp, målad av harmonin mellan sol och regn. Det är en gåva för att påminna oss om skönhet och under i världen."

Ulysses och Nutmeg lyssnade i beundran när Iris förklarade hur varje färg av regnbågen representerade en annan aspekt av naturen – rött för passion, orange för värme, gult för glädje, grönt för tillväxt, blått för fred, indigo för intuition och violett för kreativitet.

"Men var slutar regnbågen?" frågade Ulysses, hans ögon fyllda av förundran.

Iris log med visshet. "Regnbågens slut är var du än finner magi i ditt hjärta, kära Ulysses. Det är en resa, inte en destination."

Med nyfunnen förståelse sa Ulysses och Nutmeg farväl till Iris och började sin hemresa. Regnbågen bågade sig över dem, dess färger levande och levande mot himlens duk. När de travade genom solbelysta ängar och förbi viskande skogar visste de att deras resa hade fyllt deras hjärtan med en djupare uppskattning för världens under.

Tillbaka i sin glänta delade Ulysses och Nutmeg sin berättelse med Everglows andra varelser – kaninerna, rävarna och även den vis gamla ugglan. De samlades under stjärnorna, deras hjärtan fyllda av regnbågens magi och glädjen i vänskapen.

Och så levde Ulysses den Ovanliga Enhörningen och Nutmeg den Busiga Ekorren lyckliga i alla sina dagar, deras hjärtan för alltid berörda av det märkvärdiga regnbågsäventyret som hade lärt dem sann mening med under och skönheten i världen runtom dem.